Affaire du journal LA LIBERTÉ — (Arrêt de la Cour impériale, appels correctionnels : 8 mai 186

MÉMOIRE

PAR

Me ALEXANDRE LAYA

AVOCAT A LA COUR IMPÉRIALE DE PARIS

JUIN 1867

PARIS

IMPRIMERIE SERRIERE ET Ce, 123, RUE MONTMARTRE

1867

MÉMOIRE

Par Mᵉ ALEXANDRE LAYA

AVOCAT A LA COUR IMPÉRIALE DE PARIS

JUIN 1867

OBSERVATIONS

Au moment où la Cour de Cassation est appelée à prononcer sur le pourvoi introduit par l'auteur de l'article condamné les 17 avril et 8 mai derniers, nous croyons devoir publier la consultation suivante.

Nous avons voulu, dans le Mémoire que nous soumettons à la lecture des jurisconsultes et des avocats, ne conserver absolument que ce qui concerne la question purement doctrinale.

Nous ne faisons allusion ni au rédacteur en chef de la *Liberté*, ni aux éléments *politiques* de cette affaire. Nous nous bornons à demander la cassation de l'arrêt du du 8 mai dernier, rendu par la *Cour impériale (chambre des appels correctionnels)* ; et cela par des considérations de droit seulement.

Cela dit, nous entrons immédiatement en matière :

I

Le 17 avril dernier, la 6ᵉ chambre de la police correctionnelle de Paris a prononcé le jugement suivant :

Sur l'exception proposée :

Attendu que l'article 56 de la Constitution du 14 janvier 1852, maintenu par l'article 7 du sénatus-consulte du 7 mars 1852, ainsi que le plébiscite du 7 novembre de la même année, porte que les dispositions des codes, lois et règlements qui ne sont pas contraires à la présente Constitution restent en vigueur jusqu'à ce qu'il y soit légalement dérogé ;

Attendu que l'article 4 du décret du 11 août 1848, touché par cette disposition, est resté en vigueur ;

Qu'en effet, il y a lieu de distinguer dans cet article le principe protecteur de tout gouvernement existant, qu'il consacre dans sa lettre et dans son esprit, et la partie grammaticale qui constitue, selon l'expression du rapporteur, le vocabulaire ;

Que ce principe est vérifié et adopté par l'article précité de la Constitution, et que la partie grammaticale reste l'objet d'un changement ultérieur conforme au vocabulaire ;

Au fond :

Attendu que, dans le numéro du journal la *Liberté* du mardi 9 avril 1867, le directeur et gérant responsable a signé et publié à Paris un article intitulé : « Ce qu'il en coûte pour dire la vérité, » commençant par ces mots : « Le condamné du 6 mars..., » et finissant par ceux-ci : « ... ceux qui les ont commises qui les payassent. »

Attendu que l'auteur, prenant pour objectif la lettre de M. le directeur de l'enregistrement, qui l'invite à payer le montant des condamnations prononcées contre lui, donne à son article un intitulé qui contient un fait contraire à la vérité.

Qu'en effet, ce n'est pas pour avoir dit la vérité que ledit .... a été condamné le 6 mars, mais bien pour avoir commis un délit prévu et puni par la loi ;

Qu'il l'a reconnu formellement en se désistant de son appel contre le jugement qui le condamne ;

Attendu que cette affirmation d'un fait contraire à la vérité a été faite dans l'intention d'égarer l'opinion publique et de permettre une attaque contre le gouvernement ;

Qu'en effet, c'est appuyé sur cette affirmation que ledit... a pu écrire que « la vérité n'est pas plus en faveur sous les gouvernements issus du suffrage universel que sous les gouvernements issus du droit divin ; »

Que, sous le gouvernement actuel, « si des périls le menacent et que vous les lui annonciez, vous serez accusé de les avoir fait naître, et, accusé, vous serez condamné ; »

Attendu que ces affirmations et déductions malveillantes ne peuvent être considérées comme un simple moyen de montrer comment une condamnation à 5,000 francs d'amende peut monter, avec le double décime, le demi-décime et les frais, à 5,901 fr. 50 c. ;

Attendu que, dans la seconde partie de l'article incriminé, ledit ..... rappelle les paroles de M. le ministre d'Etat sur les *Destinées meilleures*, et joint celles prononcées à propos de la théorie des fautes commises ou non commises, et aborde la situation politique extérieure et intérieure ;

Que, dans toutes les questions qu'il touche, il affirme les fautes commises, sans discussion ;

Que ces affirmations posées sous forme d'interrogation n'en deviennent que plus saisissantes ;

Que s'il parle d'une circulaire du ministre, il affirme que le commencement dément la fin, et la porte au compte des fautes, sans en citer le texte, même par analyse ;

Attendu que la réunion de ces affirmations ainsi combinées, périodiquement renouvelées, constitue une attaque et une excitation à la haine et au mépris du gouvernement ;

Qu'elles ne sauraient donc rentrer dans le domaine permis de la critique et de la censure ;

Attendu que, dans les dernières phrases de son article, ledit... prend soin d'établir lui-même qu'il n'a voulu ni critiquer ni censurer le gouvernement, mais bien le condamner, et proclamer que cette condamnation est œuvre de justice ;

Qu'en effet il a écrit : « Pourquoi est-ce celui qui a tout prévu qui est puni ? Pourquoi est-ce lui qui paye pour les fautes des autres ? Ne serait-il pas plus juste que ce fût ceux qui les ont commises qui les payassent ? »

Attendu que l'imprimeur a imprimé le numéro du journal la *Liberté* qui contient l'article incriminé, sachant qu'il devait être publié ;

Qu'il a donc avec connaissance aidé l'auteur de l'action dans les faits qui l'ont préparée, facilitée, et dans ceux qui l'ont consommée ;

Attendu que dans la cause il y a des circonstances atténuantes ;

Attendu que les faits ainsi caractérisés constituent à l'égard de l'auteur de l'article le délit d'excitation à la haine et au mépris du gouvernement, *prévu et puni par l'article 4 du décret du 11 août 1848* ;

A l'égard de l'imprimeur, le délit de complicité prévu et puni par les articles 59 et 60 du Code pénal et l'article 4 précipité ;

Vu lesdits articles, ensemble l'article 463 du Code pénal ;

Modérant la peine ;

Condamne solidairement, savoir : l'auteur en 5,000 fr. d'amende, l'imprimeur en 100 fr. d'amende, et tous deux solidairement aux dépens.

II

C'est de ce jugement qu'il a été interjeté appel.

Dans son audience du 8 mai, la Cour impériale, chambre des appels correctionnels, a statué en ces termes :

Texte du dispositif de l'arrêt de la Cour

(8 MAI 1867)

« La cour, statuant sur l'appel interjeté du jugement du tribunal correctionnel de la Seine du 17 avril 1867, et sur les conclusions prises par lui devant la cour :

» En ce qui touche l'exception tirée de ce que l'article 4 du décret du 11 août 1848 ne serait pas applicable au gouvernement de l'Empereur, considérant que l'article 4 de la loi du 25 mars 1822 punissait le fait d'excitation à la haine et au mépris du gouvernement ; que cet article a été reproduit dans les mêmes termes par l'article 4 du décret du 11 août 1848, avec la seule addition du droit de discussion et de censure des actes du pouvoir exécutif ; que la Constitution du 14 janvier et le sénatus-consulte du 7 novembre 1852 ont maintenu toutes les lois existantes au moment de leur promulgation ; que les dispositions de l'article 4 du décret du 11 août 1848 sont donc restées en vigueur ; qu'il est, en effet, d'une nécessité impérieuse que, dans un intérêt général et social, les gouvernements soient protégés contre des attaques qui, en les livrant au mépris et à la haine des citoyens, les rendraient sans force pour remplir la mission de protection qui leur est confiée ; que les dispositions de l'article 4 du décret du 11 août 1848 se concilient complétement avec les institutions de l'empire ; qu'il suit de là que l'article 4 du décret du 11 août 1848 est applicable au gouvernement de l'Empereur.

» Au fond :

» Considérant que l'auteur, condamné définitivement pour avoir, par son article du 1er mars, excité à la haine et au mépris du gouvernement, affirme, dans son nouvel article du 9 avril, qu'il a été condamné pour avoir dit la vérité ; qu'il reprend ainsi et reproduit toutes les assertions contenues dans le premier article et reconnues coupables ;

» Considérant qu'en outre il énonce que la vérité n'est pas en faveur sous le gouvernement actuel, et que par la servilité on parvient à tout ; que si des périls sont signalés au gouvernement, on est aussitôt accusé de les avoir fait naître, et condamné ; que la flatterie est comblée de faveurs, tandis que le soldat de la vérité n'encourt que rigueurs, défiances, calomnies, persécutions, condamnations, flétrissures, amendes, prison et exil.

» Que, répétant l'attaque du 1er mars, il affirme que la France ne jouit d'aucune liberté, qu'elle ne pèse d'aucun poids au dehors ;

que le gouvernement n'a commis que des fautes ; que lui, qui a tout prévu, est puni ; qu'il paye pour les fautes des autres, et qu'il serait plus juste que ceux qui les ont commises les payassent.

» Considérant que l'ensemble de l'article, les expressions qu'il renferme, la forme qu'il a revêtue, prouvent que l'auteur n'a point eu pour but une discussion, une censure loyale des actes du gouvernement, cherchant à éclairer le gouvernement, à améliorer sa marche, à servir les intérêts généraux du pays ; qu'au contraire, il a attaqué le gouvernement de mauvaise foi, avec le parti pris de l'abaisser dans l'esprit des populations, de soulever les passions contre lui et de lui infliger un blâme général sans discussion et sans preuve ;

» Que ces attaques constituent le délit d'excitation à la haine et au mépris du gouvernement ;

» Adoptant, au surplus, les motifs qui ont déterminé les premiers juges, en ce qu'ils n'ont pas de contraire aux considérants qui précèdent ;

» Met l'appellation au néant ; rejette l'exception présentée par l'appelant ; ordonne que le jugement dont est appel sortira son plein et entier effet, et le condamne aux frais de son appel. «

L'auteur condamné a fait suivre cet arrêt des observations suivantes :

» L'arrêt qui précède et qui confirme le jugement rendu le 17 avril dernier par le tribunal de premier degré devra rassurer pleinement ceux des membres de la majorité du Cors législatif qui craignaient ou qui affectaient de craindre qu'en renonçant au pouvoir discrétionnaire dont le décret organique du 17 février 1852 l'avait armé, le gouvernement impérial ne se fût découvert et affaibli. Ils ne nieront pas, ils ne sauraient nier que deux condamnations chacune à 5.000 fr. d'amende, s'élevant, avec les frais, à 11,800 fr., ne soient une répression plus sévère que deux avertissements.

» Espérons donc que le projet de loi sur la presse, dont le Corps législatif est saisi depuis le 13 mars, c'est-à-dire depuis deux mois, ne subira pas de plus longs retards, et que le rapport sera déposé assez tôt pour que le projet de loi puisse être discuté et voté dans la session actuelle.

» Nous avons annoncé que nous épuiserions tous les degrés de juridiction ; nous ne manquerons pas à notre parole.

» Aujourd'hui même, le montant de l'amende a été envoyé, et l'avocat au conseil d'Etat et à la cour de cassation chargé de notre pourvoi s'est empressé de le rédiger.

« La publicité, qui protége l'assassin et le malfaiteur ne protége pas l'écrivain et le journaliste. Il nous est interdit de rendre compte de notre procès, mais, heureusement, il ne nous est pas interdit d'adresser ici publiquement à notre éloquent défenseur, l'honorable bâtonnier de l'ordre des avocats de Paris, Me Allou, l'expression de notre profonde reconnaissance et de notre admiration pour l'immense talent qu'il a mis au service de la cause qu'il défendait : LE DROIT DE DISCUSSION ET DE CENSURE. Le talent ne saurait s'élever plus haut. Ce n'était pas l'avocat, c'était l'orateur.

» En nous exprimant ainsi, nous ne sommes que l'écho de tous les auditeurs qui l'entouraient hier pour le féliciter. S'il y a des victoires moins glorieuses que des défaites, par contre, il y a des défaites qui comptent comme des victoires, car ces défaites d'hier, ce seront des victoires demain. »

POURVOI EN CASSATION

L'Ecrivain condamné par cet arrêt, s'est pourvu en cassation.

Pour appuyer ce pourvoi, nous prétendons que :

1° Si le décret du 11 août est applicable dans l'espèce, le second paragraphe de ce décret protége l'écrivain contre toute poursuite, attendu qu'il n'a pas, dans ses deux articles, dépassé le droit de DISCUSSION et de CENSURE ;

2° Que le décret du 11 août 1848 n'est pas applicable non seulement à l'espèce, mais que ce décret est *virtuellement abrogé*, *effacé*, *détruit* politiquement, juridiquement, moralement et *légalement*.

III

PREMIÈRE PARTIE

L'hypothèse la plus favorable au ministère public étant l'*applicabilité* du décret, nous commençons par cette partie de notre argumentation :

« *L'auteur n'a pas dépassé dans ses ar-* » *ticles le droit de* DISCUSSION *ni de* CEN- » SURE. »

Qu'est-ce donc que DISCUTER ?
Qu'est-ce donc que CENSURER ?
Commençons par le mot DISCUSSION.

Dans le langage ordinaire, c'est l'examen d'une proposition, d'une idée, d'une mesure, de la vérité de celle-ci et de celle-là ou de leur *fausseté*, de leurs avantages ou inconvénients, de manière à peser le *pour* et le *contre* et à éclaircir tous les arguments en faveur de la proposition.

DISCUTER, c'est CONTESTER.

On peut *discuter vivement*.

Or, *discuter vivement*, c'est *disputer*.

C'est examiner les particularités diverses d'un problème.

C'est exprimer une opinion, une pensée opposée, contradictoire ;

C'est *contredire*.

En effet, les esprits diffèrent comme les corps.

D'où la nécessité d'*apprécier*, de *distinguer*, de faire ressortir les vues diverses, contraires, et cela, souvent avec une certaine vivacité, qui peut devenir agressive et dégénérer en *dispute*.

Evidemment, le droit de discussion laisse à l'amertume même du sentiment qui s'y cache une certaine latitude, et il est manifeste que les termes ne peuvent en être pesés comme s'il ne s'agissait que de simples observations.

En droit, la *discussion*, c'est l'examen scrupuleux, l'analyse détaillée, d'une *créance*, d'un *ordre* ; et l'on sait comment ce droit s'exerce, avec quelle rigueur, avec quelle attention, souvent avec quelle vivacité.

Or, l'Ecrivain n'a pas fait autre chose que d'énoncer les éléments d'une discussion loyale, sans leur donner le caractère de « mauvaise foi et de parti pris d'abaisser le gouvernement dans l'esprit des populations, de soulever les passions contre lui et de lui infliger un blâme général et sans preuve », ainsi que l'exprime l'arrêt de la cour.

Mais le décret va plus loin :

Il permet le droit de « CENSURE. »

Certes, le mot CENSURE n'a aucune acception sérieuse, ou il faut bien accorder à celui qui a le droit de censurer le droit de BLAMER.

La CENSURE ecclésiastique, qui avait été instituée pour blâmer des actes ou des opinions contraires aux règles d'une discipline et d'une organisation spéciales, avait remis aux censeurs une arme terrible.

« La censure, c'était le jugement qui *condamnait* comme hérétique ; et, disent les termes mêmes du langage canonique :

» Qui *notait d'infamie* l'homme ayant encouru la *censure.* »

L'écrivain *condamne*-t-il comme hérétique en politique dans son article ?

Note-t-il d'infamie, comme censuré, le gouvernement, dont il combat les actes après avoir entendu, comme la France entière, ce mot de M. Thiers :

« Il n'y a plus une seule faute à commettre ! »

IV

Examinons mot à mot l'article du 9 avril, et voyons si cet article dépasse les bornes de la DISCUSSION ou de la CENSURE.

Le ministère public avait incriminé quelques phrases seulement de l'article ; mais le tribunal correctionnel et la cour ayant incriminé et condamné l'*esprit*, les *tendances générales* de l'écrivain, nous allons porter notre examen sur les termes de l'article même.

Il y est dit d'abord :

« La conclusion à tirer de la lettre que l'on vient de lire (relative au payement de l'amende), c'est que la vérité n'est pas plus en faveur sous les gouvernements issus du suffrage universel que sous les gouvernements issus du droit divin.

» Il faut que la vérité exerce sur l'esprit de ceux dont elle s'empare une influence bien irrésistible pour qu'ils lui immolent aveuglément leur intérêt !

» Quel intérêt a-t-on jamais à dire la vérité ? Aucun.

» Tandis que par la servilité on arrive à tout, par la sincérité on n'arrive à rien. »

Certes, il n'y a là rien d'offensant pour le gouvernement.

« La vérité n'est pas plus en faveur sous les gouvernements issus du suffrage universel que sous les gouvernements issus du droit divin. »

Sans aucun doute, un écrivain n'offense pas par une pareille allégation, un peu banale même.

Maintenant, n'est-ce pas chose très naturelle qu'un journaliste, condamné à payer une forte amende (*le maximum*), se dise : Voilà donc ce qu'il en coûte pour dire la vérité !

Comment ! il lui serait interdit de comparer l'écrivain qui dit vrai et le courtisan qui dit faux ! Et, après avoir trouvé de la *servilité* dans certains personnages qui appartiennent à la discussion, et avoir flétri cette servilité, qui est un signe d'abaissement dans le caractère d'un courtisan, vice que tout écrivain, tout citoyen a le droit de qualifier et de flétrir, ce serait le gouvernement de l'empereur, *seul responsable*, qui viendrait dire à l'auteur que c'est lui, l'empereur, qu'il attaque !

Est-il, peut-il être interdit d'avertir un souverain du danger de ces flatteurs ?

Détestables flatteurs, présent le plus funeste
Que puisse faire aux rois la colère céleste !

Racine, sous Louis XIV, avait-il plus de latitude pour son langage que nous dans le dix-neuvième siècle et sous le drapeau de 1789 ?

Puis, l'auteur ajoute :

« Vous consacrez trente années de votre vie à l'étude opiniâtre des questions les plus importantes, les plus diverses, les plus ardues ; eh bien ! vous pesez moins que l'ignorant qui ne sait rien que flatter et débiter invariablement les mêmes platitudes !

» Dites à un souverain comment il pourrait être grand, et il vous traitera comme Louis XIV traita Vauban, ou comme Louis XVI traita Turgot ; il vous traitera d'esprit pervers, il vous traitera de charlatan. Mais dites-lui qu'il est grand, dites-lui qu'il n'a jamais commis une seule faute, il vous comblera de toutes ses faveurs, il mettra en vous toute sa confiance.

Y a-t-il là rien qui ne soit autre chose qu'une allusion à l'histoire ?

Mais voici le ministère public qui relève les trois lignes suivantes :

« Si des périls le menacent et que vous les .ui annonciez, vous serez accusé de les avoir fait naître, et, accusé, vous serez condamné ! »

Ainsi, un homme qui, pendant nombre d'années, s'est dévoué à un gouvernement, ne peut pas avoir le droit de dire qu'il pressent des périls menaçants ! qu'il les annonce dans l'intérêt seul de ce gouvernement ; et il n'a pas le droit de se plaindre d'être condamné sur une accusation qui n'a d'autre cause que cet avis, ce pronostic, signe de son dévouement !

Et lorsqu'il ajoute, pour mieux préciser :

« Aussi, de quoi vous avisez-vous de dire la vérité ? Laissez ce soin aux événements vengeurs des fautes commises ! Ces événements, ne vous efforcez pas de les prévenir, car parvinssiez-vous à les conjurer, qu'il ne vous en serait tenu aucun compte, et si vous n'y réussissiez pas, on ne dirait point que vous avez averti, on dirait que vous avez attaqué ! »

Que fait l'écrivain, sinon de compléter ce qu'il y a de regrettable, de douloureux dans le spectacle d'un danger ; de faire entrevoir le fatal aveuglement du gouvernement menacé qui semble attendre lui-même de n'être averti du danger que par ceux-là mêmes qui préparent, voient et sont prêts d'accomplir l'acte de vengeance pour les fautes commises par ce gouvernement ?

L'auteur jetant ensuite un coup d'œil sur la différence qui existe entre l'écrivain et le soldat, s'écrie :

« Comment un homme doué de quelque raison, au lieu de prendre une épée prend-il une plume et se fait-il publiciste !

Au soldat heureux qui combat, une épée à la main, qui verse des flots de sang, qui moissonne des générations, jonche la terre de cadavres, ruine les populations, dévaste les campagnes, bombarde et incendie les villes, à ce soldat de la gloire toutes les faveurs : honneurs, dignités, titres, dotations, statues, arcs de triomphe !

Au soldat courageux qui combat, une plume à la main, les abus, les erreurs, le préjugés, les iniquités, qui relève les fautes et signale les périls, à ce soldat de la vérité toutes les rigueurs : défiances, calomnies, persécutions, condamnations, flétrissures, amende, prison, exil, et autrefois la mort !

Qui peut nier cette vérité qui saute aux yeux ? Qui ne déplore pas et qui n'a pas le droit de proclamer avec une profonde douleur, en plein dix-neuvième siècle, qu'on en soit encore à honorer, combler de faveurs, de distinctions et d'argent des hommes dont le courage consiste à exposer leurs jours pour tuer d'autres hommes animés d'un courage semblable, pour le même objet ? Et cette comparaison n'est pas permise ! et cela n'est pas de la discussion, car, en vérité, ce n'est pas de la *censure!* Et, certes, l'écrivain y avait beau jeu !

Enfin l'article continue en ces termes, et nous ne pouvons le tronquer attendu que, depuis les mots : « *Si encore cette passion…* » jusqu'aux mots : « *Sans envie et sans crainte,* » nous n'y pouvons trouver rien qu'une excellente et complète *discussion*, une *polémique* nette et sans passion de FAITS irrécusables, d'actes authentiques, relevés par l'écrivain et tous analysés par la forme interrogative, qui est une forme en rhétorique, de la plus loyale discussion.

Voici les termes de l'article :

« On se moque des *cocodès* qui mettent tout l'effort de leur esprit dans le nœud de leur cravate ; on a bien tort. Les sages, ce sont eux ; les fous, ce sont les écrivains qui se vouent à l'étude approfondie des questions de leur temps, car la passion de la vérité est de toutes les passions humaines la plus dangereuse.

» Si encore cette passion ne vous exposait qu'au péril ! Mais elle vous expose à toutes les mortifications, à toutes les humiliations.

» Vous aviez une opinion politique fondée sur l'observation la plus attentive des faits ; la justesse en sera vérifiée par les événements ; mais cette opinion n'était pas conforme à celle du chef de bureau préposé aux avertissements : un avertissement vous était infligé, et, à moins de briser vous-même votre plume dans vos propres mains, il fallait courber silencieusement la tête.

» Désormais, vous ne serez plus averti, vous serez poursuivi. Qualifié de malpenseur et de maldiseur, vous aurez les mêmes juges que le malfaiteur.

» Les événements auront beau, quelques mois, quelques semaines, quelques jours après la publication de votre article incriminé, donner hautement et pleinement raison à vos prévisions, à vos déductions, à vos critiques, vous n'en serez pas moins condamné si l'avis qui est le vôtre n'est pas celui de vos juges.

» En conscience, et l'histoire à la main, le condamné du 6 mars avait-il tort le 28 février, lorsque, venant d'entendre S. Exc. M. Rouher, ministre d'Etat et ministre des finances, glorifier à la tribune les destinées chaque année meilleures de la France, il ne put s'empêcher de révoquer en doute la vérité de cette retentissante glorification?

» S'il n'avait pas tort, s'il est de plus en plus manifeste, chaque jour, qu'au contraire, il avait raison, pourquoi l'a-t-on condamné le 6 mars, et pourquoi le 8 avril persiste-t-on à tirer de la caisse de la *Liberté*, pour les verser dans la caisse de l'Etat, les 5,901 fr. 50 c., montant de l'amende de 5,000 fr. prononcée?

» Pour que cette amende ait été justement encourue, il faut que les paroles suivantes de M. Rouher soient vraies :

» *Nous avons conduit le pays graduelle-*
» *ment et chaque année* A DES DESTINÉES
» MEILLEURES. »

> (*Corps législatif, discours du 27 février 1867.*)

« Ah! « *il n'y a plus une seule faute à*
» *commettre!* » Le mot peut être à la fois
» bien habile et bien dangereux; je lui op-
» pose la vérité : « IL N'Y A PAS EU UNE
» SEULE FAUTE COMMISE! »

> (*Corps législatif, discours du 16 mars 1867.*)

« Eh bien! sont-elles vraies, ces paroles?

» Est-il vrai que le pays ait été conduit graduellement et chaque année à des destinées meilleures?

» Au dedans, de quelle liberté jouit la France? Cette liberté est-elle plus grande que sous la République de 1848, la Monarchie de 1830 et même la Restauration de 1815? Au dehors, quel poids pèse la France? Quel gré lui sait-on à Berlin de la « neutralité attentive » qu'elle a gardée, neutralité équivalant au concours le plus effectif? Ce concours, qui méritait de nous rendre la frontière du Rhin, quelle rémunération reçoit-il? La déférence des Prussiens pour l'empire français ne va

même pas jusqu'à s'empresser d'évacuer Luxembourg, que leurs troupes occupent au mépris de tous les droits d'une souveraineté qu'ils ne contestent pas!

» Est-il vrai qu'il n'y ait pas eu une seule faute commise?

» Est-il vrai que la France, étant maîtresse absolue, en avril 1866, d'empêcher la guerre d'éclater entre l'Autriche et la Prusse, n'ait pas commis une faute en laissant la guerre s'allumer avant que nous fussions prêts à prendre toutes nos sûretés et à jeter dans les balances de la victoire le poids décisif de notre épée?

» Est-il vrai que la France, pouvant, le 4 juillet, dicter à Mayence ses conditions à la Prusse campée sous les murs de Vienne, n'ait pas commis une faute en se bornant à allumer à Paris des lampions? Pourquoi des lampions? Parce que l'empereur d'Autriche, éperdu, venait de nous jeter dans les bras la Vénétie.

» Est-il vrai que la France, si elle préférait sincèrement les progrès de la paix aux agrandissements de la guerre, pouvant, le 16 septembre, adresser à ses agents diplomatiques une circulaire qui eût noué indissolublement la triple alliance entre elle, l'Italie et la Prusse, n'ait pas commis une faute en mettant en avant dans cette circulaire — où la fin démentait le commencement—*la nécessité pour la défense de notre territoire, de perfectionner sans délai notre organisation militaire?* Si la première partie de la circulaire était vraie, si elle était sincère, ce qu'il y avait à faire, c'était de l'attester, c'était de le prouver, non pas en augmentant le chiffre et le poids de notre armée, mais, au contraire, en les diminuant considérablement. Alors la France eût regardé l'unification de l'Allemagne du même œil qu'elle s'était habituée à regarder l'unification de l'Italie : sans envie et sans crainte. »

En vérité, lorsqu'on lit cet article, qui est le résumé le plus saisissant, le plus topique des faits qui, *tous et chacun*, ont été l'objet des débats du Corps législatif, on se demande comment les termes de ce travail concret, serré, nettement et justement inspiré, ont pu être considérés comme inspirant « *la haine ou le mépris du gouvernement.* »

Ce n'est que de la discussion, et ce n'est même pas de *la censure, du blâme, de la réprehension!* choses permises par le décret du 11 août 1848.

Enfin, le dernier alinéa dit :

» Si ces paroles de M. Thiers à M. Rouher sont vraies : « *Il ne vous reste plus une seule faute à commettre,* » paroles que M. Thiers a pu prononcer impunément, sans être rappelé à l'ordre par le président du Corps législatif, sans même être interrompu par la majorité ; si les paroles du prince Gortschakoff circulant de salon en salon sans recevoir de démenti qui les réduise au silence ; si, enfin, la Bourse est agitée comme aux plus gros temps, pourquoi est-ce celui qui a tout prévu qui est puni ? Pourquoi est-ce lui qui paye pour les fautes des autres ? Ne serait-il pas juste que ce fussent ceux qui les ont commises qui les payassent. »

Eh bien ! De deux choses l'une :

Ou les paroles de M. Thiers à la tribune devaient provoquer de la part du gouvernement une mise en cause,.

Ou bien le journaliste, en les reproduisant, n'a fait rien là que de parfaitement licite.

Paroles de M. Thiers ;

Agitation de la Bourse ;

Tout cela se trouve, non pas *discuté,* non pas *censuré ,* mais simplement *analysé* par l'auteur, qui dit ce qui n'est pas même du domaine de l'*appréciation*, mais l'*énoncé des faits*, à savoir :

1° Que les paroles de M. Thiers, non relevées par le président, n'ont pas même été interrompues par la majorité ;

2° Que la Bourse est agitée !

Est-il rien de plus réel que ces deux allégations ?

Et pour les apprécier, sort-on du cercle tracé par le décret de 1848 en disant :

Qu'on a prévu les fautes et qu'on en a été puni ? Les fautes, qui les a reprochées ? M. Thiers.

Que pourtant, c'est l'auteur qui paye l'amende pour les fautes commises.

Est-ce trop de demander si ceux qui ont commis les fautes ne devraient pas les payer ?

Comment ! ce serait une provocation à la haine et au mépris du gouvernement !... quand ce n'est même ni *discussion* ni *censure* ?

Non : la Cour de cassation ne voudra pas (si, par impossible, elle ne déclarait pas, comme nous allons l'examiner, l'abrogation du décret même du 11 août 1848), considérer l'article comme dépassant les limites du droit de *discussion* et de *censure*, que ce décret autorise en termes formels. Sous ce rapport, évidemment la Cour suprême adoptera notre premier moyen pour casser l'arrêt. Maintenant, examinons notre second moyen, lequel est, selon nous, impérieusement admissible, au point de vue du droit pénal, appuyé qu'il est des éléments les plus décisifs, en matière d'indivisibilité, en ce qui concerne la *Compétence* et la *Peine*.

DEUXIÈME PARTIE

Proposition

Le décret du 11 août 1848 n'est pas applicable , vu qu'il est virtuellement abrogé.

V

Nous ne relèverons pas ici les arguments produits à l'appui de cette doctrine, à sa voir : qu'il est possible d'appliquer, en matière de presse, c'est-à-dire en matière *politique*, sous le régime du gouvernement *monarchique*, les décrets édictés sous le régime *républicain.*

Les arguments les plus forts qui aient été émis en faveur de ce système, c'est que « les attaques ayant pour objet d'exciter » à la *haine et au mépris du gouverne-* » *ment* seraient passibles des dispositions » pénales de décrets, que ces dispositions » soient écrites sous une république ou » sous une monarchie. »

Ainsi, qu'un gouvernement républicain déclare que les institutions d'une monarchie sont immorales, périlleuses, antipathiques à la dignité humaine, et, par conséquent, méprisables,

Le lendemain même, un gouvernement monarchique répéterait les mêmes appréciations contre le gouvernement républicain ;

Et tous les deux se sentiront, se déclareront atteints de la même *provocation à la haine et au mépris* (très certainemeut dans un sens différent, on nous l'accordera sans peine)!

Et tous les deux frapperont l'écrivain de la même arme, empruntée au même décret!

Il y a plus :

Le gouvernement monarchique a renversé la République;

Celle-ci avait un décret qui avait pour but fondamental de la protéger;

Or, c'est à ce décret protecteur de la République que la Monarchie s'adresse pour se protéger elle-même!

Enfin, un décret, le décret de 1848, a été édicté POUR UN JOUR, POUR UNE HEURE;

Le rapporteur de ce décret, M. Berville, l'a proclamé en ces termes :

« C'est un décret édicté dans le moment suprême de l'insurrection. Cette loi n'est que transitoire... »

Puis, au lendemain même, voici que les écrivains s'effrayent! Non-seulement ils *discutent*, non-seulement ils *censurent*, mais ils vont bien plus loin : ILS PROTESTENT!

Ils ont le courage de se rendre auprès du général Cavaignac, dictateur momentané.

Ils demandent au général d'effacer ce décret;

Et le général, qui représente alors l'état de siége, les tribunaux exceptionnels, les rigueurs des conseils de guerre, le général, qui n'a mis son épée au fourreau qu'un moment, le moment consacré à cette audience, déclare « qu'il a cru devoir faire édicter cette loi *transitoire, momentanée*, écrite pour réprimer à l'heure de l'insurrection; et, comme pour protester lui-même contre cette rigueur antipathique aux élans mêmes de l'institution républicaine, le général va jusqu'à l'éloge et leur dit : « VOUS FAITES VOTRE DEVOIR, EN VENANT PROTESTER CONTRE CE DÉCRET. »

Eh bien! qu'on nous le dise, la main sur la conscience : est-ce là le décret juridiquement écrit pour tous les temps?

Est-ce là une loi prenant place dans nos codes, comme nos autres lois permanentes?

Mais allons plus loin, et voyons si le même cachet d'application transitoire n'est pas inhérent aux autres décrets de 1822, 1835, 1848.

1822

Voyons : Sous l'empire de quels événements la loi de 1822 a-t-elle été promulguée? Le duc de Berry avait été assassiné; la liberté individuelle avait été suspendue : c'était l'*état de siége légal*; la mort de Napoléon Ier avait amené des manifestations politiques ardentes; un travail sourd, actif, menaçait le gouvernement de la Restauration par l'organisation des *carbonari* : la peur était légitimement entrée dans le cœur même des hommes qui gouvernaient la France, et les grandes discussions de la Chambre des députés, les discours agressifs des orateurs qui avaient imposé leur immense autorité sur la Chambre et sur le pays; les élans de conscience libérale qui caractérisaient la vivacité des hommes les plus graves, Chateaubriand, Royer-Collard, Foy, Benjamin Constant; tout cela pouvait expliquer la *peur* et la *répression*... bien que toutes deux, selon l'usage, préparèrent 1830!... Cette loi de 1822! transitoire! transitoire!

1835

Sous l'empire de quels événements les lois de septembre furent-elles édictées?

Certes, pas plus que celle de 1822, que celles de 1848 et de 1852, nous ne les excusons : selon nous, ces lois restrictives de la liberté sont plus contraires que favorables aux gouvernements qui les font !

Mais enfin, voyons leur raison d'être :

Il faut le reconnaître : de 1832 à 1835, la guerre civile était à l'état chronique.

La garde nationale et l'émeute étaient sans cesse aux prises;

Le sang coulait sans relâche dans les rues; le rappel devenait pour les familles comme un glas funèbre annonçant les terribles coups de fusil et de canon qui se faisaient périodiquement entendre; et les tribunaux siégeaient chaque année pour punir.

L'affaire des *mutuellistes* de Lyon, que cinq jours de combats meurtriers ensanglantèrent.

Les troubles de Grenoble et de Saint-

Etienne, les massacres de la rue Transnonain, le procès des cent vingt-et-un accusés d'avril devant la Chambre des pairs, et ceux du *National*, de la *Tribune*, du *Réformateur*.

Tout cela mettait le gouvernement dans une situation telle, que les mesures les plus imprudemment rigoureuses l'inspirèrent;

Mais, ce qui vint expliquer, excuser, presque autoriser la proposition des lois de 1835, ce fut cet abominable *attentat de Fieschi* : ce fut de la machine infernale de cet assassin que sortit la législation fatale à cette époque, fatale au pouvoir, qui croyait y trouver les moyens de se défendre, et qui préparait à ses adversaires les moyens de le renverser.

N'est-ce pas là une loi transitoire? — et si la loi de 1822 n'avait pas été abrogée, pourquoi l'eût-on écrite? La Révolution de 1830 avait effacé la loi de la Restauration.

1848

Enfin, l'insurrection terrible de juin fut *seule* la cause du décret du 11 août; et nous l'avons vu plus haut. le gouvernement, l'Assemblée, par tous ses organes officiels, n'en firent qu'un décret que tous proclamaient exceptionnel, passager, *transitoire*. Ce sont les *termes précis du rapport* et ceux du général Cavaignac.

Eh bien? sommes-nous sous l'influence de ces terreurs presque légitimes qui amenèrent les gouvernements de la Restauration, de Louis-Philippe et de la République à s'armer de ces décrets pour combattre l'insurrection?

L'insurrection!... Est-ce qu'il n'existe pas des moyens matériels de répression plus que rassurants?

Pourquoi donc ce décret de 1848?...

Peut-on, sérieusement, venir vingt ans après, lorsque le gouvernement républicain n'a pu être protégé par cette loi, peut-on l'invoquer?

Si, seule, la raison d'Etat permet que l'on fasse du *gouvernement*, de ce mot seul, l'objet de cette protection nominale, purement et simplement applicable à une sécurité imaginaire, alors, que l'on fouille, que l'on fouille encore dans l'arsenal, et l'on pourra, au besoin de ses fantaisies de droit pénal, évoquer les décrets de 1793 et la grande, la terrible image du comité de salut public !

VI

Mais, voyons, au point de vue purement juridique, si le décret n'est pas abrogé, sous l'influence des principes sacrés, inviolables, des constitutions judiciaires sous l'autorité desquelles nous vivons.

Il y a dans notre législation un principe qui domine toutes nos institutions judiciaires :

C'est la question de la COMPÉTENCE.

Or, en prenant en mains le décret même du 11 août 1848, nous le déclarons, au nom des doctrines irréfutables du droit pénal :

LA POLICE CORRECTIONNELLE EST INCOMPÉTENTE EN CETTE ESPÈCE.

Notez-le bien : dans cette discussion purement doctrinale, nous nous appuyons sur le décret même qui a été visé, pour prouver :

1° Que si l'on en maintient l'applicabilité, on ne peut retirer au jury le droit de juger dans cette affaire ;

2° Mais que par le seul fait d'avoir édicté le changement de juridiction en déférant aux TRIBUNAUX DE POLICE CORRECTIONNELLE les délits qui, sous l'empire du décret de 1848, étaient déférés au JURY, le gouvernement impérial a abrogé ce décret même.

En effet, il y a, en droit, deux sortes d'abrogation : l'une explicite, officielle, l'autre implicite.

Or, ici, le décret est d'abord abrogé *explicitement*, car les décrets de l'Empire ont décidé applicables les lois antérieures, *à moins* qu'il n'y ait des dispositions *contraires aux lois nouvelles ;* et ensuite *implicitement*, par le changement du gouvernement et de son *statut personnel*.

En effet, peut-il être quelque disposition plus contraire à la loi de 1852 et à toutes les lois de l'Empire, que cette attribution fondamentale des délits de presse AU JURY?

Est-il un principe plus sacré, plus contraire à une loi nouvelle, que l'existence de la loi de 1852 qui institue une compétence toute différente de celle établie par le décret de 1848?

La loi pénale est instituée pour *réprimer*; les tribunaux pour *appliquer* cette loi.

Il y a donc cohésion, lien indissoluble, nécessaire, indivisible, entre les dispositions qui *frappent* et la main qui *dirige le coup légal*.

Supposer une peine édictée sans lui donner pour base le *tribunal* qui la prononce, ce serait monstrueux.

Modifier l'application même du droit accordé au tribunal pénal, c'est renvérser le tribunal même.

On ne peut, sans commettre une infraction flagrante aux principes absolus du droit de punir, laisser subsister une peine, lorsque l'on a changé la compétence même du tribunal qui l'appliquait.

Or, évidemment, lorsque le décret du 11 août 1848 fut édicté, le tribunal qui jugeait les délits de presse, c'était la *cour d'assises*.

L'appréciateur de la criminalité d'un article, c'était le jury, sur la question posée ainsi :

« Un tel est-il coupable d'avoir excité à
» la haine et au mépris du gouvernement
» de la République en publiant tel ar-
» ticle? »

En disant : *oui* ou *non*,

C'était le jury qui amenait les conseillers de la cour à prononcer la peine édictée dans le décret :

Et une des conditions fondamentales les plus graves, les plus importantes de cette juridiction spéciale, c'était celle qui donnait encore au jury le droit d'ajouter :

« *Il y a des circonstances atténuantes.*»
Le Droit pénal est *absolu*.

On ne peut évoquer la *moitié*, le *quart*, le *vingtième* d'un décret, essentiellement *indivisible* en matière pénale!

Ne l'oublions pas :
Il est écrit partout, depuis la loi de Moïse et celle des Douze Tables, en passant par les lois de Justinien et même les édits du moyen âge; il est écrit dans les Capitulaires; il est écrit dans les Edits de saint Louis; dans les lois exceptionnelles de Calvin; il est écrit dans les *statuts* de la libre Angleterre; il est gravé dans nos lois françaises, ce grand principe,

inexpugnable, invulnérable, ainsi formulé :

« Quand vous dressez devant la foule un loi pénale, vous dressez devant elle le tribunal qui doit l'appliquer !

» Et le même jour que vous avez renversé le tribunal, vous avez effacé la loi pénale. »

VII

Or, le 11 août 1848, le juge qui appliquait la loi écrite seulement pour ce jour-là, c'était la cour d'assises, après le verdict du JURY !

Puisqu'en 1852 on a retiré au jury et à la cour d'assises le droit de juger les délits de presse, on n'a pas le droit de conserver la loi pénale que la cour d'assises avait seule le droit d'appliquer.

Cette question de *compétence* est donc nécessairement, impérieusement, la base de la question de savoir si, *oui* ou *non*, le décret du 11 août 1848 est applicable.

On ne peut le *scinder*.

Le tribunal, le magistrat, le juge qui ont le droit de prononcer telle peine sont les seuls juge, magistrat et tribunal qui appliqueront la peine édictée. Il est impossible de laisser dire aux magistrats nouveaux : « Nous déclarons, nous, *police correctionnelle*, que nous appliquons le décret du 11 août 1848, et, bien que nous remplacions le jury — et les magistrats de 1848, nous conservons et prenons la pénalité ! »

C'est une hérésie juridique.

Non, ce décret ne peut être coupé en deux.

VIII

C'est sous la protection de ces considérations qui, selon nous, méritent la sympathie, l'attention et le concours des jurisconsultes de notre pays, que nous venons leur soumettre le dispositif de l'adhésion suivante.

ALEXANDRE LAYA,

Avocat à la cour impériale de Paris, ancien professeur de droit à l'Académie de Genève.

9 juin 1867.

(Voir ci-contre l'adhésion proposée.)

NOTA

———

Messieurs les avocats qui voudront bien signer la présente adhésion sont priés de la détacher du Mémoire et de l'envoyer au bureau du journal la *Liberté*.

Quelques jours avant l'audience de la cour de cassation, le journal la *Liberté* publiera leurs noms et leur adhésion formulée.

———

ADHÉSION

———

Les soussignés :

Vu la consultation rédigée et signée, le 9 juin 1867, par M° ALEXANDRE LAYA, *avocat à la cour impériale de Paris;*

Vu l'article du 9 avril 1867 dans la *Liberté*, article incriminé;

Vu le jugement du 17 avril 1867 rendu par la 6° chambre du tribunal de police correctionnelle du département de la Seine, et vu l'arrêt de la cour (appels correctionnels) du 8 mai 1867;

Considérant qu'en 1848, c'était aux cours d'assises qu'étaient déférés les délits de presse, après le verdict du jury;

Que la pénalité portée au décret du 11 août 1848 (article 4) n'a été édictée qu'après avoir, selon les principes du droit pénal, déterminé la compétence des cours d'assises en ces matières, et établi le lien de droit indivisible entre le magistrat ayant le droit de prononcer la peine et la peine prononcée;

Attendu que l'admission des *circonstances atténuantes*, laissée à l'appréciation des jurés, est un des éléments essentiels de la pénalité même portée audit article;

Attendu que, par l'attribution des délits de presse aux tribunaux correctionnels, les lois de l'Empire ONT CHANGÉ LA COMPÉTENCE en ces matières; et, en retirant aux délinquants *le bénéfice des circonstances atténuantes*, ont aggravé une pénalité qui pou-

vait être affaiblie par la déclaration du jury :
« *Il y a des circonstances atténuantes.* »

Attendu qu'il n'est ni juridique, ni conforme à l'organisation constitutionnelle de la compétence des tribunaux de viser un décret (celui du 11 août 1848) qui est virtuellement abrogé par le changement de compétence, base fondamentale de la pénalité édictée audit décret;

Supplient respectueusement la Cour suprême (Chambre criminelle), de CASSER l'arrêt du 8 mai 1867.

ALEXANDRE LAYA,
Avocat à la Cour impériale de Paris.

P.-S. Au moment de mettre ce *Mémoire* sous presse, nous recevons et nous nous empressons de publier l'adhésion formulée que voici :

« Le soussigné, avocat à la cour de Paris,
» Vu la consultation rédigée par son confrère, M° Alexandre Laya :
» Considérant que le décret du 11 août 1848 est, de même que la loi de 1822 et celle de 1835, une loi politique, et partant transitoire; que ces lois de circonstance ont tellement été considérées comme des lois politiques qu'elles n'ont pas survécu aux régimes qui les avaient établies, et que chaque nouveau régime a cru devoir édicter une loi nouvelle; qu'il importe peu que le gouvernement impérial, dont l'arsenal contre la presse ne laisse d'ailleurs rien à désirer, éprouve le même besoin que la Restauration, la royauté de Juillet et la République de 1848, si, à dessein ou non, il n'a pas édicté de loi nouvelle pour se protéger plus spécialement contre l'excitation à la haine et au mépris; qu'en matière pénale, les lois ne s'interprètent pas par analogie et ne se prêtent pas aux combinaisons arbitraires de la casuistique juridique, surtout lorsqu'elles sont politiques, transitoires et de circonstance; que c'est là un principe de morale aussi nettement révélé par la conscience qu'énergiquement attesté par la science;

» Considérant, en outre, que l'existence d'une loi est inséparable de la conservation du tribunal établi pour l'appliquer; que le changement de juridiction modifie dans ses caractères essentiels toute loi pénale; que la substitution du tribunal correctionnel au jury est une aggravation considérable, tant au point de vue de l'appréciation du fait que de l'admission des circonstances atténuantes, aggravation qui ne peut résulter que d'un texte formel de loi; que ce texte n'existe pas; qu'il serait non seulement illogique, mais dérisoire d'appliquer une loi édictée pour protéger la République à la protection de l'Empire, qui en est la négation et l'antithèse;

» Est d'avis qu'il y a lieu de casser l'arrêt de la cour de Paris du 8 mai 1867.

» Délibéré à Paris le 2 juin 1867.

» ANDRÉ ROUSSELLE. »

SIGNATURE DES ADHÉRENTS

Nous soussigné, déclarons adhérer au Mémoire et consultation qui précèdent.

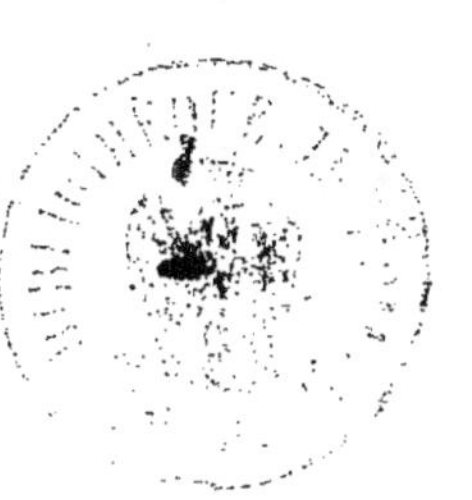

Paris. — Imprimerie SERRIERE et Cᵉ, rue Montmartre, 123. — Fonderie, Clicherie.